Respuestas de los ejercicios en la edición del estudiante
Primera Lección

D1208764

Ejercicio de reflexión (pág. 1)

1. voy
2. empieza
3. Leéis
4. se despierta
5. tengo
6. esperan
7. hago
8. Te aburres
9. destruyen
10. nieva

Ejercicios de comprobación (págs. 4 – 6)

A. 1. Nosotros nos despertamos.
2. Ellas se peinan.
3. Vosotros dormís.
4. Nosotros volvemos.
5. Uds. piden.
6. Nosotros negamos.
7. Ellos conocen.
8. Nosotros tejemos.
9. Ellas suelen correr.
10. Vosotros os levantáis.
11. Nosotros nos quejamos.
12. Ellos piensan.
13. Nosotros empezamos.
14. Vosotros traducís.
15. Nosotros solemos estudiar.
16. Vosotros construís.
17. Ellas se acuestan.
18. Nosotros escogemos.
19. Uds. se visten.
20. Nosotros hemos de seguir.

B. 1. Yo comienzo.
2. Tú diriges.
3. Él se acuerda.
4. Yo me visto.
5. Ella consigue.
6. Tú te enamoras.
7. Tú llegas.
8. Ella es.
9. Él suele cantar.
10. Yo traduzco.

C. 1. Sí, (María) prepara el discurso.
2. Sí, (ellos) se pasean por el campo.
3. Sí, toco el piano.
4. Sí, (él) devuelve el coche al vendedor.
5. Sí, (nosotros) nos acostamos temprano.
6. Sí, buscamos al perro.
7. Sí, suelo ir al cine los sábados.
8. Sí, (ellas) se ven con frecuencia.
9. Sí, conozco a todos mis compañeros de clase.
10. Sí, dirijo el coro.

D. 1. tengo
2. me aburro
3. creen
4. debemos
5. solemos
6. hemos
7. han
8. están
9. voy
10. hace
11. dicen
12. es
13. se cansan
14. nos alegramos
15. pongo
16. me quedo

E.1. – 4. Las respuestas variarán.

© Pearson Education, Inc. All rights reserved.

Ejercicio de reflexión (pág. 7)

1. son
2. está
3. son
4. Es
5. estás
6. estamos, es / está
7. está
8. es
9. estamos
10. estar

Ejercicios de comprobación (págs. 10 – 12)

A. 1. es, Son
2. es
3. Es, es
4. son / están
5. son
6. está
7. es
8. está
9. está
10. es
11. Está
12. Es
13. estoy
14. es
15. está
16. es, estamos
17. está
18. es
19. es
20. está

B. 1. – 15. Las respuestas variarán.

C. 1. – 10. Las respuestas variarán.

D. 1. – 10. Las respuestas variarán.

Ejercicio de reflexión (págs. 12 – 13)

1. pidiendo
2. lloviendo
3. durmiendo
4. repitiendo
5. trotando
6. sirviendo
7. riendo
8. creyendo
9. elogiando
10. gruñendo

Ejercicios de comprobación (págs. 13 – 14)

A. 1. sigue dando
2. viene cantando
3. Escuchando
4. está durmiendo
5. estoy divirtiendo
6. estás tomando
7. siguen aplaudiendo
8. estás estudiando
9. estás oyendo
10. sigue buscando
11. está riñendo
12. Cuidando
13. repitiendo
14. están entrevistando
15. estamos comiendo

B. 1. nos está sirviendo / está sirviéndonos
2. estamos leyendo
3. estáis haciendo
4. le estoy diciendo / estoy diciéndole
5. te estás riendo / estás riéndote
6. está muriéndose / se está muriendo
7. está lloviendo
8. están jugando
9. están sintiendo
10. está poniendo

C. 1. estoy esperando
2. estoy estudiando
3. estoy tomando
4. nos estamos divirtiendo / estamos divirtiéndonos
5. está anunciando

© Pearson Education, Inc. All rights reserved.

Ejercicio de reflexión (pág. 16)

1. trasladado
2. informada
3. perdido
4. visto
5. dormido
6. roto
7. traído
8. muerto
9. cubierta
10. pensado

Ejercicios de comprobación (pág. 17)

A. 1. oído
2. fritas
3. hecho
4. leído
5. animada
6. abiertas
7. puesto
8. sentados
9. escrito
10. muerto
11. despiertos
12. rota
13. dicho
14. cubierta
15. resueltos, estudiado
16. descalzos
17. confesado
18. vacías
19. despierto
20. propagado

B. 1. – 4. Las respuestas variarán.

C. 1. – 4. Las respuestas variarán.

Ejercicio de reflexión (págs. 19 – 20)

1. La puerta *es cerrada* por el niño.
2. El famoso cuadro "Guernica" *es explicado* por el guía.
3. Nuestro territorio *es invadido* por las tropas enemigas.
4. Las exposiciones mundiales *son vistas* por millones de personas.
5. Los refranes *son repetidos* por los sabios.

Ejercicios de comprobación (pág. 21)

A. 1. En México, *se preparan* las tortillas con maíz.
2. Los adjetivos de nacionalidad *se escriben* con letra minúscula.
3. En España *se fríe* el pescado en aceite de oliva.
4. En los restaurantes *se sirve* pan con las comidas.
5. En esta clase *se exige* una preparación meticulosa.

B. 1. Un buen cocinero *prepara* la comida.
2. *Discuten* los problemas.
3. La tempestad *destruye* la cosecha.
4. Millones de turistas *invaden* la costa cada año.
5. Los universitarios *frecuentan* los mesones.
6. El primer ministro *nombra* al embajador.
7. El veterinario *atiende* al perrito.
8. Todos *temen* a los terroristas.
9. La Academia del Cine *premia* a los buenos actores.
10. El público *reconoce* al atleta.

© Pearson Education, Inc. All rights reserved.

Ejercicio de reflexión (pág. 22)

1. Vengan
2. olvides
3. Salid
4. se acuesten
5. Saque
6. te quedes
7. Levántense
8. vayamos
9. Marchaos
10. te equivoques

Ejercicios de comprobación (págs. 24 – 26)

A. 1. ¡*Escucha* bien!
2. ¡*Dime* la verdad!
3. ¡*Vaya* a la biblioteca para estudiar!
4. ¡*Démosle* el dinero a él!
5. ¡*Salid* ahora!
6. ¡*Terminen* el crucigrama!
7. ¡*Empieza* el proyecto hoy!
8. ¡*Seguid* mi ejemplo!
9. ¡*Duerme* en el sofá!
10. ¡*Conduzcan* con cuidado!

B. 1. *No comáis* el pan.
2. *No busques* tus llaves.
3. *No vayas* a la oficina del director.
4. *No nos bañemos* en el Mediterráneo.
5. *No lo hagas* para él.
6. *No traigáis* la merienda.
7. *No me dé* Ud. su carnet de identidad.
8. *No se diviertan* Uds. en el banquete.
9. *No me lo devuelvas* mañana.
10. *No crucemos* la calle en la esquina.

C. 1. Siéntese
2. ten
3. lleguen
4. Salgamos
5. Pagad
6. pierdan
7. Diga
8. acostaos / acuéstense
9. Ven
10. Manténganse
11. Cállense
12. os vayáis

D. Las respuestas variarán.

Ejercicios de repaso (págs. 26 – 30)

A. 1. conozco, conduzco
2. valen
3. estáis
4. sé
5. traen
6. se cae, se hace
7. cuchichean
8. calienta
9. Huele, llevo
10. Te acuerdas
11. ladra, muerde
12. piensan
13. consentimos
14. corrige
15. es, se enoja
16. acude
17. se enferma, come

B. 1. Apaguen
2. Aprovecha
3. te acuestes
4. abróchense, fumen
5. Coloquen
6. corra
7. Almorcemos
8. Escoja
9. desaparezcas
10. distribuya
11. os mováis
12. Cancelen
13. pises
14. Practiquemos
15. Interpretemos

© Pearson Education, Inc. All rights reserved.

C. 1. Muchas novelas *son escritas* por Julia Álvarez.
2. Los poemas *son leídos* por la poetisa.
3. Las frutas *son exportadas* por España e Italia.

D. 1. Muchos barcos *atraviesan* el Canal de Panamá.
2. El médico *cura* a los pacientes con tuberculosis.
3. Los decanos *establecen* las reglas de conducta.

E. 1. *Se habla* portugués en el Brasil.
2. En las islas del Caribe, *se comen* muchas habichuelas.
3. En la Argentina, *se produce* mucho trigo.

F. 1. están
2. está
3. Es
4. es
5. es
6. son
7. Es
8. está
9. está
10. están
11. es
12. Son, están / estamos
13. es, está
14. es, es
15. están

G. 1. he
2. faltado
3. recuerdo
4. me veo
5. jugando
6. corriendo
7. aprendiendo
8. viajando
9. divirtiéndome
10. viendo
11. tengo
12. pienso
13. podemos
14. conoce
15. charla
16. sale
17. oye
18. ve
19. estudia
20. tienen
21. ganar/ganando
22. ser/siendo
23. derrota
24. enamorándose / enamorarse
25. sufren
26. suspenden
27. son
28. sienten
29. dicen
30. es
31. imponen
32. repiten
33. te acuestes
34. Come
35. Conduce
36. Ten
37. apreciamos
38. tenemos
39. debemos
40. quiere
41. recibimos
42. podemos
43. Hay
44. ofrece
45. hemos
46. disfrutando
47. dice

H. 1. Ha
2. afecta
3. se atreve
4. muestra
5. cobran
6. exige
7. está
8. ha
9. Se pide
10. cumplen
11. se arriesgan
12. puede

Actividades de comunicación creativa (pág. 30)

A. – B. Las respuestas variarán.

© Pearson Education, Inc. All rights reserved.

Segunda Lección

Ejercicio de reflexión (pág. 31)

1. he
2. has
3. ha
4. hemos
5. ha
6. hemos
7. han
8. hemos
9. Habéis
10. ha

Ejercicio de comprobación (pág. 33)

1. ha
2. han
3. he
4. Has
5. ha
6. hemos
7. ha
8. Ha
9. han
10. habéis

Ejercicio de reflexión (págs. 33 – 34)

1. almorcé
2. anduvimos
3. averiguaste
4. buscó
5. se cayó
6. di
7. dijo
8. estuvisteis
9. quisieron
10. vine

Ejercicios de comprobación (págs. 36 – 38)

A.
1. fuiste
2. huyó
3. pudimos
4. supieron
5. jugué
6. siguieron
7. comencé
8. tuvisteis
9. creíste
10. oísteis
11. hicieron
12. rieron
13. trajisteis
14. vinieron
15. tradujimos
16. leyeron
17. cupo
18. eligieron
19. gruñó
20. toqué

B. Las respuestas variarán. Respuestas posibles:
1. *Sí, busqué* el periódico.
2. *Elegimos* al presidente.
3. Sí, el sobre *cupo* en el buzón.
4. *Me caí* en la calle.
5. *Vine* tarde.
6. Sí, Uds. *pudieron* hacerlo.
7. Sí, *hice* el trabajo.
8. Sí, *seguí* al criminal.
9. Sí, *oímos* las noticias.
10. *Jugué* ayer por la tarde.

© Pearson Education, Inc. All rights reserved.

C. 1. nació
2. vivió
3. impidieron
4. pudo
5. se trasladó
6. trabajó
7. estudió
8. conoció
9. obtuvo
10. revolucionó
11. diseñó
12. se caracterizó
13. se convirtió
14. atropelló
15. Fue
16. atendieron
17. pudieron
18. falleció
19. dejó

Ejercicio de reflexión (pág. 38)

1. quería
2. te acostabas
3. iba
4. éramos
5. pedíais
6. se divertían
7. solía

Ejercicios de comprobación (págs. 41 – 43)

A. 1. actuó
2. sufrió
3. puso
4. fue
5. Dijo
6. temblaban
7. cabía
8. dominaba
9. había
10. fue
11. era
12. había
13. triunfó
14. había
15. acabó
16. brillaba

B. 1. trabajaba, contaba
2. empezaba, llegaron
3. conducía, vi
4. se empeñaba
5. asistieron
6. Eran, aterrizó
7. salíamos, desayunábamos
8. prestaba
9. vivías, tenías, eran

C. 1. se reunieron
2. se conocieron
3. estaban
4. esperaban
5. Llegó
6. se despidieron
7. Hacía
8. aterrizó
9. subieron
10. iba
11. estaba
12. había
13. podían
14. estaba
15. atropelló
16. supieron
17. estaba
18. se sintió
19. bajó
20. dijo

D. 1. Era
2. había
3. se alegraba
4. estaba
5. se encontraba
6. subió
7. se abrió
8. entró
9. se dirigió
10. estaba
11. Abrió
12. cubría
13. dio
14. se despertó
15. terminó
16. se marchó
17. explicó
18. era

E. 1. fue
2. acabó
3. se convirtió
4. eran
5. atravesaron

Ejercicio de reflexión (pág. 44)

1. habían hecho
2. se había desmayado
3. habíamos conocido
4. habías dicho
5. había dejado

© Pearson Education, Inc. All rights reserved.

Ejercicios de comprobación (págs. 45 – 46)

A. 1. os habíais expresado
2. había engañado
3. había escrito
4. habían comido
5. habían indicado
6. había puesto

B. 1. me había despedido
2. había terminado
3. Habíamos puesto
4. habíamos creído
5. habían venido
6. había pedido
7. se habían reído
8. habían hecho

C. 1. había dejado
2. habían devuelto
3. había dicho
4. había sonado

Ejercicio de comprobación (pág. 46)

1. La alarma *fue causada* por la gripe aviar.
2. Los refranes *eran repetidos* por los pequeños.
3. La máquina *había sido revisada* por el inspector.
4. Las cartas *han sido distribuídas* por la cartera.

Ejercicios de repaso (págs. 47 – 51)

A. 1. hicieron
2. Salieron
3. hacía
4. notaron
5. se pusieron
6. Pasaron
7. partieron
8. iban
9. recibieron
10. llevaron
11. fueron
12. costó
13. terminó
14. volvieron
15. sentían
16. decidieron
17. iban

B. 1. viví
2. condujo
3. se casaron
4. cupe
5. hizo
6. leímos
7. saqué
8. estuvo
9. sirvió
10. huyeron
11. empecé
12. Supieron
13. fuimos
14. puso
15. dio

C. 1. andábamos
2. tenía
3. escribías
4. era
5. nos levantábamos
6. se veían
7. jugabais
8. estaba
9. íbamos
10. Querías

D. 1. he venido; había venido
2. ha dicho; había dicho
3. hemos leído; habíamos leído
4. te has levantado; te habías levantado
5. habéis vivido; habíais vivido
6. han abierto; habían abierto
7. he oído; había oído
8. nos hemos divertido; nos habíamos divertido
9. Has traído; Habías traído
10. se han puesto; se habían puesto

© Pearson Education, Inc. All rights reserved.

E. 1. El proyecto *será terminado* por Ángela.
2. El paciente *fue ayudado* por la enfermera.
3. El jardín recién sembrado *fue invadido* por los cuervos.
4. La casa *fue diseñada* por el arquitecto.
5. Varias películas premiadas en los festivales de cine *han sido dirigidas* por Almodóvar.

F. 1. llueve
2. cierro
3. caminamos
4. era, iba
5. escrito
6. sentarte
7. di
8. entraron
9. acostarnos
10. vuelto
11. prefieren
12. vemos
13. es
14. hizo
15. leyendo

G. 1. estaban siguiendo
2. estaba leyendo
3. estaban pidiendo / estaban pidiéndome
4. estaba repitiendo
5. estaban cayendo, estaban destruyendo

H. Respuestas de la primera parte. La segunda parte variará.
1. estaban
2. tocaba
3. querían
4. fuimos
5. jugué
6. vivían
7. visitaron
8. hacíais
9. era
10. leía

I. 1. éramos
2. vivía
3. obligó
4. había
5. pareció / parecía
6. fue
7. duró
8. aterrizó
9. tenía
10. estaban
11. residían
12. habían
13. hicieron
14. habían
15. querían
16. iba
17. eran
18. contestaron
19. pidieron
20. empezó

J. 1. había difundido
2. robados
3. recuperados
4. habían sufrido
5. expuestas
6. es
7. describió
8. andaba
9. estaba
10. Estaba
11. Me quedé
12. se estaba poniendo / estaba poniéndose
13. se teñían
14. Sentí
15. parecía
16. Pinté
17. grintando

K. 1. – 5. Las respuestas variarán.

Actividades de comunicación creativa (p. 52)

A. – B. Las respuestas variarán.

© Pearson Education, Inc. All rights reserved.

Tercera Lección

Ejercicio de reflexión (pág. 53)

1. volveré
2. recibiremos
3. enseñará
4. irán
5. escribiréis
6. estarán
7. Llegarás
8. tendrá
9. querrá
10. nos sentaremos

Ejercicios de comprobación (pág. 54)

1. seguirán
2. tendrá
3. nos olvidaremos
4. se perderán
5. valdrá
6. saldréis
7. cabrán
8. dirán
9. querrá
10. habrá

Ejercicios de comprobación (pág. 55)

A.
1. va
2. van
3. vas
4. van
5. van
6. va
7. voy
8. Vais
9. vamos
10. van

B.
1. van a jugar
2. haremos
3. estudiará
4. empezarán
5. vivirán
6. vas a enfermarte / te vas a enfermar
7. va a sonar
8. voy a ahorrar
9. te acordarás
10. voy a quejarme / me voy a quejar

Ejercicios de comprobación (págs. 56 – 57)

A.
1. harán
2. saldrá
3. se pondrán
4. descubrirás
5. Nevará
6. estaré
7. bajarán
8. Irá
9. será
10. se despedirá

B.
1. dirá
2. Hará
3. me pondré
4. daremos
5. examinarán
6. pasarán
7. Jugaréis
8. me quitaré
9. venderá
10. Podrás

Ejercicio de reflexión (págs. 57 – 58)

1. habré
2. habrás
3. habrá
4. habréis / habrán
5. habremos
6. habrán
7. habremos
8. habréis
9. habrá
10. habrán

Ejercicios de comprobación (págs. 59 – 60)

A.
1. habrá huido
2. se habrá caído
3. se habrán vestido
4. habré hecho
5. habrás vuelto
6. habrán escrito
7. nos habremos acostado
8. habréis aprendido
9. habrá averiguado
10. habremos elegido

© Pearson Education, Inc. All rights reserved.

B. 1. habrás ido
habrás hecho
habrás organizado
habrás escrito
2. habré pelado
habré batido
habré buscado
habré frito
3. habremos hecho
nos habremos despedido
habremos llevado
habremos hecho
4. se habrán lavado
se habrán cepillado
se habrán puesto
habrán apagado

C. 1. – 5. Las respuestas variarán.

Ejercicio de reflexión (págs. 60 – 61)

1. tendría
2. pensaríamos
3. Saldrías
4. ayudarían
5. dejarían
6. estaría
7. Habría
8. haría
9. mandarían
10. gustaría
11. harías
12. podría
13. querríamos
14. me divertiría
15. Serían

Ejercicios de comprobación (págs. 62 – 63)

A. 1. haría
2. volverían
3. iría
4. habría
5. Desearías
6. Podrían
7. invitaríamos
8. me desmayaría
9. Serían
10. diría
11. trataríais
12. tendría
13. anunciaría
14. querría
15. leeríamos

B. 1. ...dejaría...
2. ...optarían...
3. ...se mudarían...
4. ...llegaría...
5. ...leería...
6. ...querría...
7. ...tendría...
8. ...censurarían...
9. ...serían...
10. ...me gustaría...

Ejercicio de reflexión (pág. 63)

1. habría compartido
2. habría prestado
3. habrían ayudado
4. habría invadido
5. habrían alcanzado

Ejercicios de comprobación (pág. 65)

A. 1. Habríamos ido
2. Te habrías levantado
3. Habrían vuelto
4. habría venido
5. Se habrían divertido

B. 1. habría dicho
2. habríamos hecho
3. Habrías puesto
4. habrían leído
5. habrían abierto

© Pearson Education, Inc. All rights reserved.

Ejercicios de repaso (págs. 65 – 72)

A. 1. salgo / saldré
   a. nos bañamos / nos bañaremos
   b. llevan / llevarán
   c. juegan / jugarán O jugamos / jugaremos
2. fuimos
   a. vieron
   b. sirvió
   c. se divirtió
3. aprovecharán
   a. harán
   b. nos quedaremos
   c. trabajarán
4. a. celebrábamos
   b. trataba
   c. tomabas
5. a. sonriendo
   b. haciendo
   c. dando
6. a. ayudaríamos
   b. seguiría
   c. cumpliríais
7. a. irá
   b. tendrán
   c. tendrá
8. a. charlaban
   b. hacía
   c. jugábamos
9. a. respetaría
   b. pagarían
   c. serías

B. 1. se durmió
2. haría
3. habían visto
4. empezaron
5. Llegué
6. despierta
7. fue
8. veía
9. ha hecho
10. Siéntense

C. 1. escrito
2. se olvide
3. discutiendo
4. ponerse
5. Fue, conoció
6. gastado
7. pongáis / pongan
8. construyeron
9. insistiendo, cometido
10. escaparnos

D. 1. habías tenido
2. habría creído
3. habremos salido
4. habrías prestado
5. habrá pensado
6. habrán descubierto
7. Habíamos sido
8. han envuelto

E. 1. a. tengo / he tenido
   b. van / han ido
   c. puedes / has podido
2. a. fuimos
   b. hizo
   c. estuve
3. a. se divertían
   b. íbamos
   c. nadaban
4. a. salía
   b. montaba
   c. veíamos
5. a. tendrá
   b. vendrá
   c. dirá

F. 1. era
2. fue
3. tenía
4. tuvo
5. supo
6. se dieron
7. conocía
8. vieron
9. quería
10. querían
11. podía
12. pude

G. 1. sabía
2. podía, se ahogó
3. conocí
4. tenía
5. quisimos / queríamos
6. recibiste
7. quiso
8. supo
9. conocí
10. quiso

© Pearson Education, Inc. All rights reserved.

H. 1. será
2. tendrán
3. podrán
4. habrá
5. seguirán
6. se permitirá
7. será / sería
8. se considerará

I. 1. – 10. Las respuestas variarán.

J. 1. habré
2. habré
3. preferiría
4. tendré
5. podré
6. estarían
7. tendría
8. gustaría
9. pasearía
10. sería
11. admiración
12. iré
13. conoceré
14. encontraré
15. costará
16. sería
17. será
18. nevará
19. palearé
20. me haré

K. 1. se rompería, se caería
2. tendríamos, vendríamos
3. hubiera / habría, iría / fuera
4. saldría, correría
5. querría, podría

L. 1. – 10. Las respuestas variarán.

Actividades de comunicación creativa (pág. 72)

A. – B. Las respuestas variarán.

© Pearson Education, Inc. All rights reserved.

Cuarta Lección

Ejercicio de reflexión (pág. 73)

1. estén / estemos / estéis
2. haga
3. comuniquen
4. ofrezcan
5. resolvamos
6. vayas
7. tenga
8. sepas
9. haya
10. empiece

Ejercicios de comprobación (págs. 75 – 76)

A. 1. nos divirtamos
2. estés
3. almuercen
4. escoja
5. choque
6. sirváis
7. sepa
8. oigamos
9. se acuesten
10. quepan

B. 1. se sienten
2. fumen
3. se abrochen
4. mantengan
5. usen
6. utilicen
7. pongan
8. tengan
9. saquen
10. se queden
11. haya

Ejercicios de comprobación (págs. 77 – 79)

A. 1. venga
2. gastemos
3. empiece
4. están
5. haga
6. quepáis
7. durmamos
8. vaya
9. salir
10. sepas

B. 1. c
2. a
3. b / c
4. c
5. c
6. c
7. c
8. b
9. a
10. c
11. b
12. a
13. c
14. b / c
15. c
16. c

C. 1. Mi profesora exige que nosotros nos portemos bien.
2. Yo me alegro de que Uds. vengan conmigo.
3. Es una lástima que no haya comida mexicana en ese restaurante.
4. El arquitecto teme que el puente se caiga.
5. Es verdad que papá vuelve a casa todos los días a la misma hora.

D. La segunda parte de las respuestas variará.

1. vayan
compren
tengan
lleven

2. estés
bailes
conozcas
hagas

3. durmamos
salgamos
preparemos
busquemos

E. 1.–4. Las respuestas variarán.

© Pearson Education, Inc. All rights reserved.

Ejercicios de comprobación (págs. 80 – 81)

A. 1. vuelvas
2. entienda
3. llegue
4. crezcan
5. hacer
6. seas
7. me canse
8. traigáis
9. viene
10. se despidan

B. 1. tome
2. mejore
3. tiene
4. cambien
5. se fortalezca
6. se puede
7. exista
8. se liberalice
9. sea
10. empezará
11. puede

C. 1. – 10. Las respuestas variarán.

Ejercicios de comprobación (pág. 82)

A. 1. hable
2. viva
3. contenga
4. consume
5. sea
6. exija
7. abuse
8. florezca
9. haya
10. confiese

B. 1. – 5. Las respuestas variarán.

Ejercicios de comprobación (pág. 84)

1. se diviertan
2. aterrice
3. encuentre
4. pase
5. sea
6. os pongáis
7. haga
8. Sea
9. nieve
10. vinieron

Ejercicio de reflexión (pág. 84 – 85)

1. hayan
2. hayan
3. haya
4. hayas
5. hayamos

Ejercicios de comprobación (pág. 85)

1. se haya acabado
2. hayamos vuelto
3. hayas escrito
4. haya caminado
5. hayan consultado

Ejercicio de reflexión (pág. 86)

1. se divirtiera / se divirtiese
2. tradujeras / tradujeses
3. estuviera / estuviese
4. anduviéramos /anduviésemos
5. oyerais / oyeseis
6. hiciera / hiciese
7. durmieran /durmiesen
8. cupiéramos / cupiésemos
9. siguiera / siguiese
10. supieras / supieses

Ejercicios de comprobación (pág. 88 – 89)

A. 1. vinieran / viniesen
2. tuviera / tuviese
3. saliéramos / saliésemos
4. hubiera / hubiese
5. estuvierais / estuvieseis
6. se graduara / se graduase
7. recibieran / recibiesen
8. hablara / hablase
9. volviera / volviese
10. oyera / oyese

© Pearson Education, Inc. All rights reserved.

B. 1. volviera / volviese
2. comiéramos / comiésemos
3. fuera / fuese
4. diera / diese
5. viera / viese
6. supiera / supiese
7. vendieras / vendieseis

Ejercicio de reflexión (págs. 89 – 90)

1. hubiera / hubiese escapado
2. hubiera / hubiese hecho
3. hubiera / hubiese dicho
4. hubieras / hubieses estado
5. hubiéramos / hubiésemos asistido

Ejercicio de comprobación (pág. 91)

1. hubiera / hubiese tenido
2. hubieran / hubiesen dicho
3. hubiéramos / hubiésemos olvidado
4. hubiera / hubiese visto
5. hubieras / hubieses podido

Ejercicios de repaso (págs. 91 – 95)

A. 1. vayas
2. corra
3. saliéramos / saliésemos
4. sepáis / supierais (supieseis)
5. dé
6. vio
7. viniera / viniese
8. haya
9. pudiéramos / pudiésemos O hubiéramos podido / hubiésemos podido
10. llueva

B. 1. enseñara (enseñase)
2. sea
3. regresen
4. hubiéramos (hubiésemos)
5. llegar
6. hablaba
7. repitamos
8. haya
9. haga
10. Las respuestas variarán.

C. 1. Depende
2. Sí
3. Sí
4. Sí
5. No
6. Sí
7. Sí
8. No
9. Depende
10. Sí
11. Sí
12. Depende
13. Depende
14. Depende
15. Sí
16. Depende
17. Depende
18. Sí
19. No
20. No

D. Las respuestas variarán. Respuestas possibles:
1. Era
2. hacía
3. anocheciera
4. fuimos
5. estaba
6. temíamos
7. volviera
8. había
9. pronosticado
10. esperábamos
11. se cancelaría
12. habían
13. acudido
14. hubo
15. pudiera
16. iba

Las conclusiones variarán.

E. 1. Susana salió sin que nosotros nos enteráramos / enterésemos.
2. No van a verme hasta que ellos vuelvan.
3. Ojalá (que) todos se diviertan / nos divirtamos mucho esta noche.
4. No había nada que nos interesara / interesase en la liquidación.
5. En caso de que llueva, lleve Ud. un paraguas.

© Pearson Education, Inc. All rights reserved.

F. 1. Él estudia cuando tú lees.
2. Nos quedaremos aquí hasta que ellos lleguen.
3. Yo no iría si Uds. no pudieran / pudiesen acompañarme.
4. Ellos salieron de la casa sin que nadie los viera.
5. Aprendimos la lección después de que habíamos estudiado tres horas.
6. No me permitió hablar a menos que yo hablara / hablase en español.
7. Tenían una casa que era grande y bonita.
8. No saldremos si llueve mañana.
9. Uds. hablan español como si Uds. fueran / fuesen de España.
10. Él nos lo dijo para que nosotros supiéramos / supiésemos la verdad.

G. 1.–10. Las respuestas variarán.

H. 1. querían
2. compraran / comprasen
3. tenía
4. debía
5. fuimos
6. dijo
7. había
8. querían
9. nos alegramos
10. hubiera / hubiese
11. tenía / tuviera
12. llamamos
13. fijamos
14. estaban
15. permitió
16. jugaran / jugasen
17. insistimos
18. escogieran /escogiesen
19. gustara / gustase
20. fue
21. vino

I. 1.–10. Las respuestas variarán.

J. 1. sacaría
2. veríamos
3. daríamos
4. tendríamos
5. viajarían
6. te levantarías
7. iría
8. habrían
9. hablaríamos
10. saldríamos

Actividades de comunicación creativa (pág. 96)

A. – B. Las respuestas variarán

© Pearson Education, Inc. All rights reserved.

Quinta Lección

Ejercicio de reflexión (pág. 97)

1. el
2. el
3. la
4. el
5. la
6. el
7. el
8. la
9. el
10. la
11. la
12. el
13. la
14. la
15. el
16. el
17. el
18. el
19. el
20. la
21. la

Ejercicios de comprobación (págs. 101 – 102)

A.
1. la
2. el
3. el
4. el
5. la
6. el
7. la
8. el
9. el
10. la
11. el
12. la
13. el
14. la
15. el
16. la
17. el
18. la
19. la
20. el

B.
1. el, el
2. La, el
3. el, la
4. La, la
5. la, la
6. La, los
7. el, el
8. el, la
9. el
10. la

C.
1. la nuera
2. la emperatriz
3. la madre
4. la artista
5. la testigo
6. la yegua
7. la actriz
8. la reina
9. la esposa / la mujer
10. la pintora
11. la gallina
12. la pianista
13. la hembra
14. la vaca
15. el murcielago
16. la infanta
17. la monja
18. el tiburón
19. la heroína
20. el mosquito

Ejercicio de reflexión (págs. 102 – 103)

1. La, las
2. El (Un), el
3. Los, las
4. Los, el, los
5. los, el, una
6. La, una
7. Los, del (Unos, un)
8. los
9. El, un
10. el, del

Ejercicios de comprobación (pág. 105)

1. La, los
2. Los
3. los
4. el
5. La
6. las
7. El
8. El
9. al
10. Lo, las

Ejercicio de comprobación (pág. 106)

1. una
2. una
3. un
4. un
5. un
6. una
7. una
8. un
9. una
10. una
11. un
12. una
13. un
14. una
15. una
16. un
17. una
18. un

© Pearson Education, Inc. All rights reserved.

Ejercicio de reflexión (pág. 107)

1. los matices
2. las manzanas
3. los volcanes
4. unas paredes
5. los corrales
6. las canciones
7. unos hoteles
8. las tesis
9. las aguas
10. los sacapuntas
11. los bueyes
12. unos automóviles
13. los martes
14. los abedules
15. los irlandeses
16. los astronautas
17. los lápices
18. unos planetas
19. los helicópteros
20. las mamás

Ejercicios de comprobación (págs. 108 – 109)

A. 1. reyes
2. sofás
3. miércoles
4. dedos
5. pies
6. rascacielos
7. portales
8. balcones
9. colibríes
10. jueces
11. Ellos
12. bambúes
13. papeles
14. bailarines
15. melocotones

B. 1. – 10. Las respuestas variarán.

Ejercicios de repaso (págs. 109 – 112)

A. 1. un
2. los, del
3. Los, la
4. El, un
5. El, los
6. El, un
7. la, del
8. la, del
9. El
10. del, el
11. un / el, al
12. El
13. La, una / la
14. el
15. un / el, un / el

B. 1. -
2. -
3. la
4. La, la, -
5. las
6. los
7. -
8. -
9. -
10. el

C. a. 1. los
2. las
3. el
4. del
5. Al
6. el
7. al
8. unos
9. la
10. del

b. 1. la
2. el
3. la
4. los
5. del
6. el
7. del
8. el
9. los
10. una

c. 1. la
2. una
3. del
4. un, del
5. las
6. la
7. Una
8. el
9. el
10. Los
11. un

D. 1. – 5. Las respuestas variarán.

E. 1. vinieran / viniesen
2. vea
3. afecta
4. fuera / fuese
5. haya / hubiera (hubiese) enfermado
6. dejara / dejase
7. descanse
8. hubieran / hubiesen
9. asistieran / asistiesen
10. escojas
11. anular
12. puedo / podré
13. haya / hubiera [hubiese]
14. costara / costase
15. pudiera / pudiese

F. 1. interesara / interesase
2. fuera / fuese
3. supieras / supieses
4. van
5. hubiera / hubiese
6. tuviéramos / tuviésemos
7. robara / robase
8. me reencarnara / reencarnase
9. hubiera / hubiese
10. viviéramos / viviésemos

Actividades de comunicación creativa (pág. 112)

A. – B. Las respuestas variarán.

© Pearson Education, Inc. All rights reserved.

Sexta Lección

Ejercicio de reflexión (pág. 114)

1. Siempre *los* buscamos.
2. Nos *los* entregaron.
3. Se *los* regalaremos.
4. Por favor, mánde*sela*.
5. ¿*La* conociste en el baile?
6. Pilar, ¡ofréce*selos*!
7. *Lo* tendrán que resolver antes de mañana. / Tendrán que resolver*lo* antes de mañana.
8. El pasajero *se los* contó.
9. Yo ya *la* había rechazado.
10. ¿*Los* vais a aprender de memoria? / ¿Vais a aprender*los* de memoria?

Ejercicios de comprobación (págs. 116 – 117)

A. 1. se lo 2. la 3. se la 4. me los 5. se la 6. lo 7. los 8. las 9. se los 10. lo

B. 1. No los traigas.
2. No los pongamos sobre el mostrador.
3. No se las envíes.
4. No se las preparen.
5. No se las quites.
6. No la enciendas.
7. No las compre a cinco euros la docena.
8. No la pintemos.
9. No os levantéis a las siete de la mañana.
10. No se los preparen.

Ejercicio de reflexión (págs. 117 – 118)

1. me
2. nos
3. se, se
4. os, Os
5. te

Ejercicios de comprobación (págs. 119 – 120)

A. 1. me 2. me 3. me 4. me 5. me 6. se 7. nos 8. me 9. me 10. nos

B. 1. – 4. Las respuestas variarán.

C. 1. acción recíproca
2. situación inesperada
3. voz pasiva
4. acción recíproca
5. acción recíproca
6. voz pasiva
7. participación intensa
8. participación intensa
9. situación inesperada
10. pronombre reflexivo

Ejercicio de reflexión (pág. 121)

1. Todos van sin *él*.
2. Las dos irán con *ellos*.
3. Isabel y yo estábamos allí con *ellos*.
4. Pensamos ir sin *ellas*.
5. Háblame de *él*.
6. ¿Piensas mucho en *ella*?
7. Las fotos son de *él*.
8. Estuvieron cerca de *ella*.
9. Lo (le) he llamado a *él*.
10. Los muebles no estaban en *él*.

© Pearson Education, Inc. All rights reserved.

Ejercicios de comprobación (pág. 123)

1. Sí, me doy cuenta de *ello.* / No, no me doy cuenta de *ello.*
2. Sí, dejamos el carro enfrente de *él.* / No, no dejamos el carro enfrente de *él.*
3. Sí, todos los ministros acudieron a *ella.* / No, no todos los ministros acudieron a *ella.*
4. Sí, salí sin *él.* / No, no salí sin *él.*
5. Sí, volarán sobre *ellas* en el próximo viaje al Cono Sur. / No, no volarán sobre *ellas* en el próximo viaje al Cono Sur.
6. Sí, voy a colocar la nueva pintura en *ella.* / No, no voy a colocar la nueva pintura en *ella.*
7. Sí, les puedo hacer un favor a *ellos.* / No, no les puedo hacer un favor a *ellos.*
8. Sí, he escrito mis ideas al pie de *ella.* / No, no he escrito mis ideas al pie de *ella.*

Ejercicios de repaso (págs. 123 – 128)

A. 1. Me *lo* van a prestar para este fin de semana.
2. *Lo* toca para animar a su madre.
3. Es necesario mandár*selo.*
4. ¿Vas a ponérte*las* antes de ir?
5. Estaban explicándonos*las* cuando ella entró.
6. No *se los* repitáis vosotros.
7. *Se las* dieron.
8. Vengo a dár*selos.* / *Se los* vengo a dar.
9. *Lo* vimos cerrándo*las.*
10. El ladrón *lo* atacó en pleno día.
11. ¡Marta, lée*sela*!
12. *Se la* mostró.
13. Los habitantes *las* mantendrán limpias.
14. A él le gusta dárnos*lo.*

B. 1. Hay un recado aquí para *ella.*
2. Enrique entró en el recibidor después de *él* y de *mí* (de *nosotros*).
3. No ha conversado nunca con *ellos.*
4. ¿La dejarán al lado de *él*?
5. Antes de hacerlo queremos consultarlo con *él.*
6. Los dos salieron de *él* a la vez.
7. No *las* pongan encima de los muebles.
8. Traen flores para *ella.*
9. ¿Hay algo aquí para *ellas*?
10. Entró en *él* sin *ellas.*

C. 1. contigo
2. ella
3. Te
4. se
5. se
6. te lo
7. le
8. Os
9. la
10. mencion*árselo*

© Pearson Education, Inc. All rights reserved.

D. 1. Estaban reflexionando sobre *ellos*.
2. Ella no puede soportar*la* de *ellos*. / Ella no *la* puede soportar de *ellos*.
3. El joven no sabe enfrentarse con *ella*.
4. Se la propusimos.
5. Ellos *se lo* deben.
6. ¡Clara, dáme*la*!
7. *La* izaron en la Luna.
8. No siga Ud. por *él*.
9. Dijeron que *la* averiguarían.
10. Nos *la* echaron a nosotros.
11. ¿Se *los* vas a leer? / ¿Vas a le*érselos*?
12. No *se las* preguntes.
13. El prisionero se escapó de *ella*.
14. ¿*Lo* llevarás si hace fresco?
15. El niño no quiere perder*lo*. / El niño no *lo* quiere perder.
16. Vamos a dár*sela*. / *Se la* vamos a dar.
17. No *las* creáis.
18. No *lo* están cosechando a causa de *ella*. / No están cosechándo*lo* a causa de *ella*.
19. Por favor, explíquenos*las*.
20. No pudieron reconocer*los*. / No *los* pudieron reconocer.

E. 1. nos
2. lo
3. someterse
4. nos / -
5. ellas
6. nos / -
7. morirse
8. lo
9. se
10. me
11. él
12. le
13. me
14. me
15. Se
16. lo
17. háganse
18. perjudicarse
19. -
20. Edúquense
21. él / ella

F. 1. el
2. el
3. la
4. el
5. el
6. las
7. los
8. la
9. la
10. los
11. la
12. el
13. el
14. la
15. el
16. las
17. la
18. las
19. el
20. el
21. la
22. el
23. el
24. la

G. 1. un
2. los
3. el
4. el, el
5. la
6. una
7. el, un
8. El, la
9. Los, los
10. -, una / la
11. La, del
12. las
13. las, la
14. un / el
15. -

Actividades de comunicación creativa (pág. 129)

A. – B. Las respuestas variarán.

© Pearson Education, Inc. All rights reserved.

Séptima Lección

Ejercicio de reflexión (págs. 131 – 132)

1. mi; suya
2. tus; míos
3. su; nuestras
4. vuestros; suyos
5. tu; mía

Ejercicio de reflexión (pág. 134)

1. El nuestro
2. Los tuyos
3. la suya / las suyas
4. La suya
5. El mío
6. las vuestras
7. la suya / las suyas
8. Los míos

Ejercicios de comprobación (pág. 135)

1. el nuestro
2. el mío
3. tu
4. el suyo, el mío
5. la mía
6. al mío
7. la nuestra
8. el suyo
9. la nuestra
10. el suyo
11. la nuestra
12. las tuyas
13. tu
14. sus
15. Nuestros

Ejercicios de reflexión (págs. 136 – 137)

A. 1. Estos niños asisten…
2. Esta bebida está fría.
3. Aquellos días…
4. ¿Cuál es tu entrada, ésta o ésa?
5. La entrenadora… esa no tiene…

B. 1. eso
2. aquélla
3. éste
4. éste, aquél
5. éste

Ejercicios de comprobación (págs. 138 – 140)

A. 1. El investigador ese no tiene…
2. Esas motocicletas son…
3. ¿Cuál es tu pulsera, ésta o ésa?
4. Aquél llegó…
5. Prefiero éstas; no aquéllas.

B. 1. Aquel / Ese
2. Estas
3. Este, aquella / esa
4. Estos
5. esas
6. Aquellas / Esas / Estas
7. Esos
8. Este
9. Aquella / Esa
10. Esta / Esa

C. 1. el
2. ésta / ésa
3. las
4. el
5. la / ésta
6. éste
7. aquéllos
8. aquélla / ésa / ésta
9. éste
10. Este

© Pearson Education, Inc. All rights reserved.

D. 1. su
2. tus
3. nuestros
4. sus
5. mi
6. mis
7. los tuyos
8. sus
9. las suyas
10. los tuyos
11. las suyas
12. Los suyos
13. el mío
14. nuestros

E. 1. estas
2. estos
3. esos
4. aquellas
5. estas
6. aquellos
7. los
8. estas
9. estos
10. aquella / esa
11. aquella / esa
12. estas
13. Estos
14. aquellos / esos

Ejercicios de repaso (págs. 140 – 142)

A. 1. Sí, *la* vi.
2. Sí, Laura *lo* quiere relatar. / Laura quiere relatar*lo*.
3. Sí, ellos *los* conocen.
4. Sí, *la* vendería.
5. Sí, me *las* dieron.
6. Sí, ellos *los* estaban leyendo. / Ellos estaban leyéndo*los*.
7. Sí, *te* comprendo bien.
8. Sí, vamos a tomar*lo*. / Sí, *lo* vamos a tomar.
9. Sí, *las* hemos visto.
10. Sí, la maestra *las* escribirá en la pizarra.
11. Sí, *se lo* di.
12. Sí, *las* he visto.
13. Sí, *se la* mandamos a Sara.
14. (Él) *me los* quitó.
15. Sí, *lo* está preparando. / Está preparándo*lo*.
16. Sí, *me la* pongo de vez en cuando.
17. Sí, *se la* pediré a mis vecinos.
18. No, no nos gusta comer*lo*.
19. No, nunca *me lo* han dado.
20. No, no podemos empezar*lo*.

B. 1. la
2. La, lo / le
3. me
4. la
5. los
6. la
7. la
8. ella
9. me
10. nos

C. 1. gusta
2. entiende
3. quiero
4. me ponga
5. me quite
6. vea
7. sabe
8. tengo
9. teme
10. pueda
11. importa
12. se tranquilice

Actividades de comunicación creativa (pág. 142)

A. – B. Las respuestas variarán.

© Pearson Education, Inc. All rights reserved.

Octava Lección

Ejercicio de reflexión (pág. 143)

1. Cuántas
2. Cuándo
3. Qué
4. Qué
5. Qué
6. qué
7. qué
8. quién
9. Qué
10. Cuál

Ejercicios de comprobación (pág. 145)

1. Qué
2. Cuándo
3. Dónde
4. Cuántas
5. Cuál
6. Adónde
7. Para qué
8. Cómo
9. dónde
10. Cuál

Ejercicio de reflexión (pág. 146)

1. Qué
2. Cómo / Cuánto
3. Cómo / Cuánto
4. Qué
5. Cómo / Cuánto

Ejercicios de comprobación (pág. 147)

1. Cómo
2. Qué
3. Cuánto
4. Qué
5. Cuán / Qué
6. Qué
7. Cómo
8. Qué
9. Qué
10. Cuán

Ejercicios de repaso (págs. 147 – 150)

A. 1. Qué
2. Para qué
3. Cuántos
4. cuál
5. Cómo
6. Por qué
7. Cuál
8. Cuándo
9. Cómo / Cuánto
10. Dónde

B. 1. Qué
2. Por qué
3. Cuántos
4. De dónde
5. Cómo
6. Cuánto
7. qué
8. Cuándo
9. quién(es) / cuántos
10. Cuál

C. 1. – 15. Las respuestas variarán.

D. 1. a. Tus
b. Nuestros
c. Sus
d. Vuestros

2. a. Las suyas
b. Las vuestras
c. Las nuestras
d. Las tuyas

3. a. Su
b. Nuestro
c. Su
d. Tu

4. a. La suya
b. La suya
c. La tuya
d. La nuestra

E. 1. ésta
2. Esas / Aquellas
3. Eso
4. Este, aquel
5. ésta, aquélla
6. Aquellos / Esos
7. Esta
8. Estas
9. aquel / ese
10. Esas

Actividades de comunicación creativa (pág. 150)

A. – B. Las respuestas variarán.

© Pearson Education, Inc. All rights reserved.

Novena Lección

Ejercicio de reflexión (pág. 151)

1. que
2. los cuales / los que
3. quien
4. cuyos
5. quien
6. cuyo
7. lo cual / lo que
8. que
9. que
10. quienes

Ejercicios de comprobación (págs. 154 – 156)

A.
1. Quien / El que
2. Los que
3. que
4. cual / que
5. lo que
6. cuyas
7. cual / que
8. cuyo
9. quien
10. cuyos
11. cual / que
12. cuyos
13. que
14. que
15. que / el que / el cual
16. quien
17. que / el que
18. que / la que
19. que
20. que / el cual

B.
1. que
2. quien
3. cuyos
4. cuyo
5. cual / que
6. que
7. Lo que
8. que
9. el que / que
10. que
11. quien
12. quien
13. que / cual
14. lo que
15. quien / la (el) que

C.
1. El senador que defiende las leyes contra el crimen es valiente.
2. El perro que es blanco y negro es un dálmata.
3. Las naranjas que crecen en Valencia producen un jugo exquisito.
4. Ella compró una casa con una torre de la cual se puede ver el mar.
5. La motocicleta de la que me hablaste puede circular por las callejuelas.
6. Recibí un correo electrónico de mi hija en el que me cuenta sus proyectos.
7. El lapicero con el que escribes es muy fino.
8. La película de la que nos hablaron me gustó muchísimo.
9. Los acróbatas que se balancean en un trampolín dan la impresión que vuelan.
10. Queremos que haga menos frío lo que es imposible en febrero.

D.
1. que
2. quien
3. cuyo
4. Los
5. que
6. que
7. que
8. lo que
9. que
10. del cual

Ejercicios de repaso (págs. 156 – 157)

A.
1. Cómo
2. quién
3. Adónde
4. qué
5. Cómo
6. dónde
7. Cuándo
8. por qué
9. quién
10. Cuántos
11. Cuánto, Cómo
12. Cuántos
13. Qué
14. Cuál
15. Cuál

© Pearson Education, Inc. All rights reserved.

B. 1. *¿Cuántas* personas asistieron al estreno de la película?
2. *¿Adónde* iréis / irán para pasar las vacaciones?
3. *¿De qué color* es el vestido nuevo de Juanita?
4. *¿A qué hora / Cuándo* llegarán vuestros / sus primos?
5. *¿Cuál* es su nueva dirección?
6. *¿A quién le* disteis / dieron las llaves?
7. *¿Quién(es)* le quitaron el bolso?
8. *¿Con quién(es)* van a la ópera?
9. *¿Por dónde / Cómo* conducen en Inglaterra?
10. *¿Qué* idioma hablan tus / sus vecinos?

Actividades de comunicación creativa (pág. 158)

A. – B. Las respuestas variarán.

© Pearson Education, Inc. All rights reserved.

Décima Lección

Ejercicios de reflexión (pág. 160)

A. 1. *Nunca (Jamás)* borro la pizarra. / No borro *nunca* la pizarra.
2. No entró *nadie* en el cuarto. / *Nadie* entró en el cuarto.
3. Él *no* sabe *nada* de astronomía.
4. *No* tenemos *ningún* compañero extranjero.
5. Ella *no* tiene *más* de diez dólares.

B. 1. Uno *siempre* sabe cómo va a reaccionar la gente.
2. *Todavía* se baila el danzón.
3. *Siempre* compramos fruta tropical.
4. *Alguno(s)* de los expertos sabe(n) la respuesta. / *Todos* los expertos saben la respuesta.
5. Los inspectores de salud pública van a venir *también*.

Ejercicios de comprobación (págs. 164 – 168)

A. 1. algo, nada
2. Alguien / Nadie, nadie / alguien
3. nunca, siempre
4. unos / algunos, ninguno
5. Ningún, ninguna
6. nunca / jamás
7. ni
8. nadie

B. 1. *Todavía* no he cambiado los cheques de viajero.
2. Ignacio y Rafael son hermanos; *ninguno* es cariñoso.
3. *No* iremos *ni* a México ni a Colombia.
4. *No* hay *más de* dieciséis alumnos en esta clase.
5. *No* bebo limonada y *tampoco* bebo soda.
6. *No* hay *ninguna* caja de ahorros en el centro.
7. *Nunca* me acuesto temprano.
8. Los muchachos *no* estudian matemáticas.
9. A Enrique no le gusta esquiar. A mí *tampoco*.
10. N*adie / Ninguno* lleva sus maletas.

C. 1. Siempre le entregamos…
2. Sí, sí puedes…
3. En la reunión de empresarios, vimos a alguien que conocemos / conocíamos.
4. Sí, sí hay una pastilla que facilita / pastillas que facilitan bajar de peso.
5. Su bisabuela todavía vive…
6. Siempre he tenido ganas… / He tenido ganas…
7. En la Red, encontré un enlace / enlaces…
8. Al entrar, el invitado le dijo algo a alguien / a todos / a algunos.
9. Sí compraron un CD / CDs…
10. Ayer, pudimos jugar al golf y al tenis.

D. 1. Nadie.
2. Nada.
3. Todavía no. / No.
4. A mí tampoco. / Tampoco.
5. Nadie.
6. No, nunca. / Nunca.
7. No, yo no. / No.
8. Nunca. / Jamás. / No.
9. Yo tampoco. / Tampoco.
10. Todavía no. / No.

© Pearson Education, Inc. All rights reserved.

E. 1. No venden *ninguna* clase de fruta en el mercado.
2. *(Sí,) Vi algo* que me gustó en la exposición.
3. (Sí,) Hay *alguien* aquí que sabe hablar sueco.
4. La catedral no tiene *ninguna* vidriera gótica.
5. (Sí,) *Ya* han descubierto *un* buque sumergido.
6. No queremos ir *ni* al teatro *ni* a escuchar música.
7. Ella *todavía no* sabe montar a caballo.
8. *Nunca* escribo mis cartas por la noche.
9. (Sí,) *Algunas* veces he ganado la lotería.
10. *Nadie* debe ser generoso con el prójimo.
11. *No* me lo contó *nadie* en el vestuario del centro deportivo.
12. Ellos *no* juegan *ni* al tenis *ni* al jai-alai.
13. *No* recibimos *ninguna* carta de Australia.
14. (Sí,) Pudimos contestar a *una / alguna* pregunta / a algunas preguntas.
15. ¿No conoces a *nadie* que hable quechua?

F. 1. increíble
2. ineducado
3. descuidar
4. contradecir
5. contraluz
6. incapaz
7. antihéroe
8. inútil
9. deshacer
10. infeliz
11. inválido
12. infrecuente
13. inflexible
14. desanimarse
15. anticomunista
16. incorrecto

Ejercicios de repaso (págs. 168 – 170)

A. 1. los que / que / los cuales
2. cuyo
3. cuyos
4. los que / quienes
5. que / la que
6. a quienes / que
7. las que / que / las cuales
8. que
9. que
10. el que / quien
11. lo que
12. del que / del cual
13. quien
14. que

B. 1. quienes / que
2. cuyos
3. que
4. los que
5. que
6. Los que / Quienes
7. cuyas
8. quien(es) / los que / los cuales
9. Lo que
10. quienes / los que
11. lo que
12. que
13. la que / la cual
14. quienes / los que

Actividades de comunicación creativa (pág. 170)

A. – B. Las respuestas variarán.

© Pearson Education, Inc. All rights reserved.

Lección Once

Ejercicio de reflexión (pág. 171 – 172)

1. vieja, española
2. interesante
3. alemanas
4. encantadora
5. gran, conocido
6. divertidas
7. aplicados
8. fría
9. difíciles
10. persistente

Ejercicios de comprobación (págs. 175 – 176)

A.
1. cien
2. algún
3. quinientos veintiún
4. San
5. media
6. tercer
7. mejores
8. cualquiera
9. canadienses
10. cualquier
11. tales
12. mediocres
13. inferior
14. geniales
15. grandes

B.
1. ciertos países subdesarrollados
2. el tercer capítulo gramatical
3. Las respuestas variarán. Posible: un huracán terrible y desastroso
4. Las respuestas variarán. Posible: muchas tardes largas y calurosas
5. Las respuestas variarán. Posible: otras fieles y dedicadas amistades
6. algunas médicas inglesas
7. pocas cosas interesantes
8. la Segunda Guerra Mundial
9. algún cacique taíno
10. unas mujeres iraníes
11. tales rimas sonoras / tales sonoras rimas
12. cien páginas seleccionadas
13. la última comida ligera
14. Las respuestas variarán. Posible: varias soluciones comprensibles y sencillas
15. cada persona conservadora

Ejercicio de reflexión (pág. 176)

1. aquí
2. arriba
3. tarde
4. poco
5. lentamente
6. hoy

Ejercicios de comprobación (pág. 180)

A.
1. generalmente
2. curiosamente
3. excelentemente
4. afortunadamente
5. impacientemente
6. ferozmente
7. sigilosamente
8. alegremente
9. rápidamente
10. orgullosamente

B.
1. con cuidado
2. con paciencia
3. con tristeza
4. con violencia
5. con franqueza
6. con cortesía
7. con cariño
8. con alegría
9. con profundidad
10. con felicidad

© Pearson Education, Inc. All rights reserved.

C. 1. correctamente
2. cortésmente
3. alegremente
4. rápidamente
5. fácilmente
6. desesperada
7. constantemente
8. lujosamente
9. valientemente
10. manualmente

Ejercicio de reflexión (pág. 181)

1. Las palmas son más altas que los olivos.
2. Las casas humildes tienen menos pisos que los rascacielos.
3. Antonio es más alto que su hermanito Luisito.
4. El verano es más caluroso que el invierno.
5. La madera es menos dura que el acero.
6. El plomo es más pesado que la pluma.
7. Nosotros comemos más carne que pescado. / Nosotros comemos menos carne que pescado.
8. La vida urbana ofrece más opciones que la vida rural.
9. Una tormenta destruye menos que un huracán.
10. Un sillón ocupa menos espacio que un sofá.

Ejercicios de comprobación (págs. 183 – 184)

A. 1. Él es menos simpático que su hermana.
2. Tú bailas mejor que José.
3. El profesor tiene más años que mi padre.
4. Rosa tiene menos amigas que su prima.
5. Este coche es mejor que el mío.
6. Esos jóvenes tienen que trabajar menos que nosotros.
7. Aquel señor tiene más dinero que su padre.
8. Ayer, hacía mucho calor y yo tomé más refrescos que tú.
9. Yo comí menos fresas que mi compañero.
10. Él es menos conservador que yo.

B. 1. Un abogado habla tanto como un médico.
2. Mi madre compra tanta ropa como yo.
3. ¿Quién habla tan bien como ese político?
4. El palacio del conde tiene tantas habitaciones como este hotel.
5. En algunos países Cervantes es tan famoso como Shakespeare.
6. ¿Habrá tantas santas como santos?
7. Ese pobre deshauciado tiene tanta hambre como cualquier mendigo.
8. Nadia puede ser tan malo como ese sinvergüenza.
9. Este arquitecto construyó tantos museos de arte moderno como los otros.
10. ¿Tu padre es tan bajo como tú?

Ejercicios de comprobación (págs. 185 – 186)

A. 1. buenísimo
2. guapísimo
3. amabilísimo
4. muchísimo
5. riquísimo
6. felicísimo
7. simplísimo
8. malísimo
9. prontísimo
10. cerquísimo

B. 1. Es la lectura más difícil del libro.
2. Es la fiesta más divertida del año.
3. El verano es la mejor estación del año.
4. Julio es el mes más caluroso.
5. Es el cuadro más famoso del museo.
6. El fútbol es el deporte más popular del país.

© Pearson Education, Inc. All rights reserved.

Ejercicios de repaso (págs. 186 – 188)

A. 1. facilísimo
2. malísimo
3. responsabilísimo
4. interesantísimo
5. fresquísimo
6. lentísimo
7. poquísimo
8. grandísimo
9. pequeñísimo
10. frecuentísimo

B. Las respuestas variarán. Repuestas posibles:
1. es tan frío como el invierno en Finlandia.
2. escribimos menos ensayos que ellos.
3. es menor que mi padre. / tiene menos años que mi padre.
4. peor que ella.
5. corre tan rápidamente como el leopardo.
6. menor que mi sobrino. / más joven que mi sobrino.
7. ganan tanto como los ingenieros.
8. es tan alto como la catedral.
9. valen menos que los diamantes.
10. son más baratos que la langosta.
11. es tan sabroso como el solomillo.
12. cuesta menos que viajar en avión.

C. 1. *Nunca* preparan tamales para la Navidad.
2. *Ni* José *ni* Miguel pasará por aquí.
3. *Nada* interesante va a ocurrir en la Plaza Mayor.
4. *Nadie* está tocando las campanas de la torre.
5. Ellos *ya no* tienen su perro pastor alemán.
6. *No* vieron *ninguna* película el verano pasado.
7. *No, no* recibimos buenas notas en los exámenes.
8. *No* trajo *ningún* tipo de fruta en la cesta.
9. Ahora *no* hay más de treinta mil habitantes en nuestra ciudad.
10. Los profesores *tampoco* asistieron a la reunión.

D. 1. nada
2. nadie
3. ninguno
4. ninguna
5. nunca / jamás
6. cualquiera
7. nada
8. ni, ni
9. tampoco
10. nunca / jamás

Actividades de comunicación creativa (pág. 189)

A. – B. Las respuestas variarán.

© Pearson Education, Inc. All rights reserved.

Lección Doce

Ejercicio de reflexión (págs. 191 – 192)

1. a
2. en, de
3. de
4. en
5. con
6. de
7. al
8. de, al, de
9. para
10. para
11. por
12. por
13. en
14. entre
15. en

Ejercicios de comprobación (págs. 196 – 200)

A.
1. enfrente de
2. alrededor del
3. encima de
4. del / sobre
5. con
6. en
7. de
8. en, a
9. con
10. para
11. Por
12. Al
13. sobre / en
14. hasta / antes de
15. desde / del, hasta / al
16. para / de
17. de, de
18. en
19. Bajo / Durante
20. delante de

B.
1. por
2. para
3. para
4. por
5. por
6. por
7. por
8. por
9. Para
10. para
11. para
12. por
13. por
14. por
15. Para
16. por
17. por
18. por
19. por
20. Por

C.
1. por
2. por
3. por
4. por
5. para
6. para
7. por
8. por
9. para
10. por

D. 1. – 5. Las respuestas variarán.

E.
1. en
2. de
3. por
4. en
5. a
6. en
7. de
8. en
9. de
10. a
11. de
12. de
13. para
14. con
15. en
16. a
17. de
18. para
19. del
20. a
21. de
22. Por
23. a
24. del
25. de
26. con
27. a
28. para
29. de
30. Por
31. a
32. de
33. para
34. para
35. entre
36. sobre
37. a
38. de
39. del
40. a
41. a
42. en
43. a
44. en
45. para
46. al
47. a
48. -
49. al
50. para
51. a
52. en
53. de
54. para
55. en
56. a
57. por
58. Durante
59. para
60. sobre
61. para
62. del
63. por
64. Al
65. a
66. con
67. de
68. de
69. de
70. de / sobre

© Pearson Education, Inc. All rights reserved.

Ejercicio de reflexión (pág. 201)

1. aunque
2. sino
3. así que
4. porque / así que / por lo tanto
5. ya
6. por lo tanto / así que
7. o, Ni, ni
8. y

Ejercicios de comprobación (págs. 203 – 204)

A. 1. pero
2. aunque
3. Si
4. e
5. pero
6. aunque
7. sino
8. así que / conque
9. así que / luego
10. que

B. 1. – 10. Las respuestas variarán.

Ejercicios de repaso (págs. 204 – 206)

A. 1. otras personas
2. habitantes japoneses
3. veintiún días
4. abuela cariñosa
5. varios problemas
6. accidentes fatales
7. algún país
8. regiones fértiles
9. peluqueras trabajadoras
10. cada individuo
11. precios caros
12. quinientas páginas
13. señoras españolas
14. animales feroces
15. idiomas extranjeros

B. 1. comiquísimo
2. lentísimo
3. pequeñísimas
4. feísima
5. poquísimo
6. correctísimo
7. facilísimo
8. carísima
9. rapidísimo
10. simpatiquísimos

C. 1. El jefe es tan trabajador como los empleados.
2. Este vestido es más feo que el otro.
3. Los niños cantan tan bien como los mayores.
4. Tú tienes tanta paciencia como yo.
5. Su hermana es tan alta como la mía.
6. El nuevo plan es tan malo como el viejo.
7. Ella ha leído menos que tú.
8. Mi compañero gasta menos que yo.
9. En este lago, hay tantas lanchas de motor como barcos de vela.
10. Hay tantos mosquitos en julio como en agosto.
11. Hizo más frío este invierno que durante el invierno pasado.
12. Tienes menos años que yo.
13. Este año, ha habido más turistas en España que en Italia.
14. Hay menos diversiones en esta ciudad que en la otra.
15. La Argentina exporta tanta carne como Texas.

Actividades de comunicación creativa (pág. 206)

A. – B. Las respuestas variarán.

© Pearson Education, Inc. All rights reserved.